www.united-pc.eu

Kerstin Waldschütz

Authentizität-
Aus Liebe zu mir

Praktischer Ratgeber für ein
selbstbestimmtes, glückliches Leben

Inhalt

Inhalt

Vorwort

Frustration, Traurigkeit, das Gefühl, unbefriedigt zu sein. Wer kennt sie nicht, diese negativen Gefühle und unzählige mehr davon, die uns in unserem Leben begegnen, begleiten und oftmals beherrschen oder denen wir uns ausgeliefert empfinden.

Dieser praktisch angeleitete Ratgeber zeigt Ihnen eine Möglichkeit, einen konstruktiveren Umgang mit Ihrer Gefühlswelt herzustellen. Mit Gedankenanregungen und Übungen zum Thema möchte ich Ihnen einen einfachen Leitfaden mitgeben, um eine positive innere Ausrichtung und bestenfalls eine Wendung in allen Lebenssituationen zu erzielen.

Eine spannende Entdeckungsreise, sich selbst ein Stück näher zu kommen, kann beginnen. Finden Sie heraus, wen Sie tatsächlich verkörpern möchten, statt eine oder unzählige (Alltags-)Rollen einzunehmen und dadurch weiterhin eine Imitation zu bleiben. Spaß und Euphorie sollen Ihre treuen Wegbegleiter werden in diesem spannenden Prozess der Suche nach Ihrem innersten Kern.

„Mit dem geringsten Aufwand zum bestmöglichen Erfolg."

Ihre persönliche Erfüllung, was auch immer Sie damit verbinden, sie möchte gelebt werden, sich zeigen und in all ihren Facetten ausgedrückt werden dürfen.

Jeder Mensch wurde als wunderbares Unikat erschaffen. Weshalb fällt es dann oft so schwer, dieses zu leben und lieber als Kopie seine Lebenszeit zu verbrauchen? Eine Bereicherung kann man nur werden, wenn man sich selbst treu bleibt und den Sprung schafft, sich unserer Welt in all seinen Facetten zumuten zu können und wollen. Die besten Bedingungen für Befriedigung, Glück, Seelenfrieden, persönliche Erfüllung und Wachstum schafft man, indem man dieser Welt etwas schenkt, dass sie noch nicht kennt. Etwas gänzlich Neues – sich authentisch präsentieren, dann schafft man die besten Bedingungen, persönliche Spuren zu hinterlassen.

Mein Ratgeber ersetzt keine professionelle Begleitung oder Beratung durch Psychologen, Psychotherapeuten oder Life-Coaches. Für mich hat jeder Zugang, egal ob Inanspruchnahme der Psychotherapie, des Life-Coachings, oder die Arbeit mit Glaubenssätzen und den unzähligen anderen Methoden zum Thema Selbstfindung, Persönlichkeitsentwicklung usw., die sich im Laufe der Zeit herauskristallisiert haben, ihre Berechtigung.

Ich möchte mit meinem Ratgeber niemandes Profession weniger wert erscheinen lassen, vielmehr ist es mir ein persönliches Anliegen, einen neuen Weg, eine andere Art der Selbstheilung und Selbstverwirklichung an die Öffentlichkeit zu bringen.

Dieser Zugang schenkt Ihnen einen neuen Blickwinkel, eine neue Herangehensweise, Ihrem Glück, Ihrem Leben, das Ihnen entspricht und Sie erfüllt, ein Stück näher kommen zu können und das SOFORT.

Dieser Ratgeber fällt aus einem guten Grund nicht allzu dick aus. Ein dicker Schmöker erzeugt in mir eher den Gedanken an harte Arbeit, als dem Leben spielerisch und mit Leichtigkeit begegnen zu können. Für mich müssen Situationen nicht mehr schwer zu erreichen sein, vielmehr lege ich nun mein Augenmerk auf mich und meine innere Haltung, um den gewünschten Erfolg anzupeilen und meine Wünsche und Träume Realität werden lassen. Harte Arbeit gehört meiner Vergangenheit an und mit diesem Ratgeber möchte ich Ihnen meinen Zugang näherbringen.

Mein Anliegen ist es, eine einfache, schnellere Methode auszuprobieren, um die gewünschte Veränderung in Ihrem Leben erhalten zu können.

Ich möchte eine positive Wirkung erzielen, inspirierende Spuren hinterlassen und mit meinen Zugängen Ihnen helfen, Ihre Steine, die Ihren wunderschönen Weg blockieren, auf die Seite zu schaffen.

Als geschiedene Frau, alleinerziehende Mutter von drei Kindern, habe ich mir immer wieder die Frage gestellt, wann genau der Punkt in meinem Leben gekommen ist, wo ich scheinbar „falsch" abgebogen bin. Ich habe mir damals fest vorgenommen, so lange nach einer Erklärung zu suchen, bis ich endlich alles für mich verstehen kann, um es besser machen zu können.

Anfangs widmete ich mein Interesse diversen Workbooks und Ratgebern, bis ich der Psychotherapie eine Chance gab. An dieser Stelle gleich mal ein großes Dankeschön an meine Therapeutin, die ich sicherlich das eine oder andere Mal an Ihre persönlichen Grenzen brachte, dennoch konfrontierte sie mich damals mit etwas, das mir noch fehlte, den Glauben in mich und die Konfrontation, mich leben zu sollen. Sie förderte und forderte mich auf Ihre Weise und stellte mir sogar eine potenzielle Möglichkeit in Aussicht, mich beruflich neu zu orientieren. Sie spiegelte mir meine längst in Vergessenheit geratene kindliche Naivität, diesen unerschütterlichen Glauben, den Kinder von Geburt an haben, den Glauben, dass alles gut gehen wird, man alles schaffen und erreichen kann, man muss es nur wollen und tun. Nach kurzer Überlegung dachte ich über eine Ausbildung zur Psychotherapeutin nach, entschied mich dann aber aus Zeit- und Kostengründen für die Lebens- und Sozialberatung und bin unglaublich dankbar und stolz, diesen Schritt umgesetzt zu haben.

An dieser Stelle ein großes Dankeschön an all die Menschen, die mich dabei unterstützt haben, mir das eine oder andere Mal meinen Rücken freigehalten haben, damit ich meinem Traum nähergekommen bin.

Rückblickend kann ich behaupten, dass jede Person, die meinen Lebensweg gekreuzt hat, prägend für meine

Entwicklung war. Ich bin für all die zahlreichen Begegnungen und Erfahrungen unglaublich dankbar, das kann ich aus heutiger Sicht mit Überzeugung behaupten, auch wenn so manches in dem einen oder anderen Moment keinen Sinn ergab. Jede Erfahrung, jede Begegnung ist auf seine individuelle Weise kostbar. Das Leben ist manchmal wie ein wild durcheinander gewürfeltes Puzzle, das freudig darauf wartet, ganz zu werden.

Schon immer war ich eine Person, die gerne für andere da war, sie inspiriert hat, absolut optimistisch dem Leben entgegengetreten ist. Viele Jahre später drängte alles in mir, dem wieder näher zu kommen, meiner ureigensten Version, mich endlich voll und ganz leben zu können mit allem, was zu mir gehört.

Auf der einen Seite bin ich der Typ Mensch, der manchmal eine „Ping – Pong"-Fläche benötigt, um die eigenen Ansichten neutral und wertfrei zurückgespiegelt zu bekommen, auf der anderen Seite bin ich gezeichnet von Ungeduld. Ich möchte es wissen, bringe den Mut auf, es drauf ankommen zu lassen, eine schnellere Möglichkeit kreieren zu wollen, um das Gefühl des Glücklichseins sofort in mir spürbar werden zu lassen.

Unsere Lebensbedingung haben wir von unseren Eltern geschenkt bekommen, aber es ist unser aller Geburtsrecht, glücklich zu sein, vollkommen egal, welche Situationen oder Lebensumstände uns begegnet sind bzw. uns noch begleiten.

Wir alle können sofort diesen Schalter in uns umlegen, den Fokus von der Negativität in die entgegengesetzte Richtung verändern und innere Erfüllung anpeilen. Es liegt in unserer Eigenverantwortung, unser Leben nach unseren Wünschen und Vorstellungen positiv zu gestalten, um von innen heraus zu leuchten, unsere Möglichkeiten, das Potenzial in uns, am Schopf zu packen und durchzustarten, in diesem Moment.

Wann haben Sie aufgehört, nach Ihren persönlichen Sternen zu greifen? Wäre es nicht großartig, heute wieder damit anzufangen?

Was immer Sie dazu veranlasst hat, Ihre Träume, Wünsche und Sehnsüchte aufzugeben oder eine Änderung stets auf morgen zu verschieben, heute ist ein neuer Tag, geben Sie ihm die Chance, der Wendepunkt Ihres Lebens zu werden. Man sagt, jede persönliche Krise, egal wie dramatisch oder nichtig sie für Sie sein mag, birgt das Potenzial, Ihr Leben besser werden zu lassen als es davor war. Nach jedem Regen kommt die Sonne, sagt man. Ich füge hinzu, dass sich oft auch in der Mitte dieses Wandels ein wunderschön leuchtender Regenbogen versteckt und darauf wartet, entdeckt zu werden.

Das Leben ist nur schwierig, wenn wir den Glauben daran verlieren, dass es auch einfach, leicht, unbeschwert und schön sein kann. Kennen Sie die

Floskel „Ich steh auf Herausforderungen"? Tja, diese Aussage habe ich mir jahrelang vor Augen geführt, sie förmlich hinausposaunt, und wissen Sie was... es kam genauso. Wieso es so kam? Weil ich daran geglaubt habe, dass das Leben schwierig zu meistern ist, dass man hart dafür arbeiten muss, erfolgreich im Beruf oder persönlichen Beziehungen zu sein. Dieser Zugang hat mich zwar nicht mein Potenzial leben lassen, aber es war in meinem Geist so fest verankert, dass dieser Gedankengang meinem Kopf plausibel erschien. Heute verwende ich diese Floskel nicht mehr. Ich steh nicht mehr auf Herausforderungen, ich steh auf Leichtigkeit, Glücklichsein, inneren Frieden und Reichtum, das ist es, worauf ich wirklich steh und was ich nun auch leben und umsetzen kann. Und wissen Sie was? Seitdem ist alles einfach leicht. Die Gefühle des Glücks, innerer Friede und Reichtum sind spürbar geworden, laufend erhalte ich das Feedback, wie sehr ich von innen heraus strahle, ruhig und entspannt wirke. Oft werde ich gefragt, was ich getan habe, um ständig ein Lächeln im Gesicht stehen zu haben.

ICH HABE MEINE EINSTELLUNG VERÄNDERT.
GLÜCKLICHSEIN IST EINE ENTSCHEIDUNG UND ICH
HABE MICH DAFÜR ENTSCHIEDEN!

Meine Familiensituation hat sich deutlich zum Positiven gewendet, mich umgeben zu allen Tages- und Nachtzeiten Menschen, die mich bereichern und die ich voll und ganz liebe. Für diese positive Wende bin ich unglaublich dankbar.

Falls ich Sie nachstehend mit der einen oder anderen Aussage in meinem Ratgeber etwas zu provokant zum Umdenken anrege, ich habe nicht vor, ein Weichspüler-Seifenopern-Buch zu kreieren. Vielmehr soll es als ein liebevoll gemeinter „Arschtritt" verstanden werden, um schnellstmöglich den eigenen inneren Schweinehund zu überwinden. Ich habe vor zu inspirieren, nicht zu verletzen, das liegt mir fern. Es soll Ihnen allen einen positiven Weg aufzuzeigen, meine provokanten Aussagen dienen als Ansporn an Sie und verkörpern meinen tief verankerten Wunsch, diese

Welt ein bisschen glücklicher und entspannter vorfinden zu dürfen.

Provokant, aber echt! Darum geht es.

Wer kennt das nicht, man ist endlich an dem Punkt angelangt, an dem man für sich selbst einstehen möchte, setzt sich mit diversen Büchern wie „The Secret", „Das Gesetz der Resonanz", „Die Spiegelmethode" und wie sie nicht alle sonst noch heißen, auseinander, trotzdem führt es oft nicht zum gewünschten Erfolg.

Innerlich fühlt man weiterhin diese Leere, kurzfristige Erfolge zeichnen sich zwar im Außen ab, dennoch ist diese tiefe innere Befriedigung nicht spürbar.

Irgendwann kommt man an den Punkt des „Aufgebens", obwohl man so viel Zeit und Energie investiert hat, um in eine gute Richtung zu gelangen.

Der Zeitpunkt, sich das alt bewährte „Rollenkäppchen" aufzusetzen, ist wiedergekommen, um erneut irgendwie dazugehören zu können, sich irgendwie wieder dazugehörig zu empfinden. Womöglich schämt man sich sogar, es probiert zu haben, seinen Träumen näher zu kommen, mehr gewollt zu haben als man hat.

Vielleicht hat man der Gesellschaft den Rücken zugewendet, ist ausgebrochen aus gesellschaftlichen Normen und Mustern, hat vielleicht sogar das eine oder andere Zeichen gesetzt und dann kommt dieser gefühlte Gesichtsverlust, es nicht geschafft zu haben. Wer ist man schließlich, dass man aufsteht und alles in Frage stellt, so tut, als wäre man besser, vorgibt, die Lösung zu kennen und für sein geglaubtes Recht zum Glücklichsein alte Muster verlassen wollte?

Wem sind Aussagen wie: „Ich habe dir ja gleich gesagt, dass das nicht funktioniert.", „Das, was du möchtest, gibt es nicht.", „Das war es nicht wert, lass den Kopf nicht hängen, so schlecht ist dein Weg nun auch wieder nicht.", „Du bist einfach undankbar, sei dankbar und freu dich über das, was du hast.", bekannt?

All jene, die diese Sätze verwenden, meinen es nicht böse, auch sie haben irgendwann aufgehört, sich selbst zu erlauben, groß zu denken, weiterhin zu träumen, für sich und die persönlichen Ziele einzustehen und den Mut aufzubringen, es sich einfach zu holen.

Sie haben genauso aufgegeben wie all jene, die in diesem Augenblick denken, nicht „gut genug" zu sein und den gewohnten Trott wiederaufnehmen.

Jeder Tag gleicht einem Kampf. Innen und auch Außen verbildlicht es sich. Man bemüht sich, passt sich an, versucht, allen gerecht zu werden, dennoch stößt man immer auf Unverständnis, gute Ratschläge die einen fast erschlagen, so gut sie auch immer gemeint sind, aber nichts verändert sich.

Tja, und dann?

Dann fühlt man sich schlechter als zuvor.

Weshalb hat es nichts bewirkt, obwohl Sie sich so bemüht haben?

Weshalb?

Weil die wenigsten ihre Energie in das investieren, worauf es wirklich ankommt, Authentizität.

Sie hatten Recht, als Sie den Mut aufgebracht haben, für sich selbst einzustehen, auszubrechen aus der Version, umgeben von negativen Gedanken- und Glaubensmustern. Sie machten sich bereit, innerlich frei zu werden, waren auf Ihrer Zielgeraden, bis Sie aufgegeben haben und sich aus Scham und Schuld wieder dem Gewohnten gewidmet haben. Seien Sie nicht sauer auf sich, im Gegenteil. Loben Sie sich, dass Sie diesen Mut und dieses Wagnis auf sich genommen haben, man hätte schließlich auch gleich aufgeben können. Sie waren auf Ihrer Zielgeraden, das, was Ihnen gefehlt hat, war das Werkzeug, es umsetzen zu können, weiterhin auf ihrer Spur zu bleiben.

Hier komme ich ins Spiel. Mit diesem Ratgeber gebe ich Ihnen dieses Werkzeug, dieses Wissen in die Hand, um auch an Ihrem Ziel anzukommen.

Ich bedanke mich an dieser Stelle bei all den vielen Menschen, die mich in meinen Lebensphasen begleitet, inspiriert und motiviert haben. Sie haben auf ihre Weise dafür gesorgt, dass ich meinem Ziel näherkomme und das Leben führe, nach dem ich mich sehne.

Kapitel 1

Was bedeutet es, ein authentisches Leben zu führen oder es anzustreben?

Wir Menschen betrachten uns, mehr oder weniger oft, täglich im Spiegel.

Durch ihn sehen wir uns als die Person im Außen, die wir verkörpern, oder glauben zu sein.

Der Spiegel reflektiert uns unsere körperliche Erscheinung, wie auch immer diese aussehen mag.

Doch das bedeutet nicht Authentizität. Es ist nur eine Projektion unseres Erscheinungsbildes, mehr nicht.

Vermutlich hat man eine ungefähre Vorstellung davon, wen oder was man repräsentiert, doch auch das ist nur eine vage Vorstellung unseres gesamten Potenzials, das sich ausdrücken und leben möchte. Oft ist man eine „Version", gespickt mit Glaubenssätzen, wie die Welt im Erleben jedes Einzelnen zu sein hat, unaufgelösten, wiederholten Mustern unserer Familiengeschichte (ohne diese hier an dieser Stelle schlecht reden zu wollen), Erlebnissen, die uns geprägt haben, und, Konditionierungen, wie wir uns zu verhalten haben, um dem gewünschten gesellschaftlichen Rollenbild zu entsprechen. Das sind wir? Nein, das sind wir nicht. Das ist nur unsere Hülle, die uns umgibt, uns schützt in dem einen oder anderen Moment, um anpassungsfähig und flexibel auf Situationen, mit denen uns das tägliche Leben konfrontiert, eingehen und reagieren zu können. Jeder Mensch, jede Erfahrung auf unserem Lebensweg, hinterlässt Spuren in uns, positiv wie negativ. Doch all das sind lediglich Erfahrungen, nicht mehr.

Erfahrungen, die abgespeichert werden, um uns zu helfen, dieselben „Fehler" nicht zu wiederholen und gegebenenfalls eine Korrektur unserer Richtung vornehmen zu können, vorausgesetzt man schenkt den Erfahrungen nicht allzu große Aufmerksamkeit, um zügig voranschreiten zu können. Alles dient zu jedem Zeitpunkt dem Zweck, SEINEN eigenen, unverfälschten Weg finden und einschlagen zu können. Doch oft ignorieren wir unsere Bauchstimme dabei, weil wir den Weg nicht sehen können und uns lieber in unsere bequeme Komfortzone verkriechen, die uns vertraut ist, anstatt blindes Vertrauen in uns und das Leben zu entwickeln und so den Dingen ihren Lauf zu lassen.

Unser ureigenstes Ich ist verschüttet von gesellschaftlichen Konditionierungen, Prägungen und Glaubenssätzen, die wir uns selbst kreiert und geschaffen haben.

Der Beginn, den eigenen, authentischen Weg zu beschreiten, bedeutet, sich von alldem, was sich im Laufe des Lebens über uns stülpte, zu lösen, sich frei zu machen, loszulassen. Nur so sind wir in der Lage, dem Leben eine faire Chance zu geben, sich so entfalten und präsentieren zu können, damit uns das Gefühl des Glücklichseins, innerer Frieden bzw. Erfüllung erreicht.

Authentizität repräsentiert eine nie endende Spielwiese voller bunter Erlebnisse, pures Glück, Liebe,

Offenheit, Transparenz. Solange es sich nicht so anfühlt, ist man davon noch ein kleines Stück entfernt. Würden wir Menschen immer unseren Kopf ausblenden, würden wir schnellstmöglich an unser Ziel gelangen und uns nicht weiter mit negativen Erfahrungen in unserem Geist beschäftigen. Die Zeit, die wir unser ganzes Leben mit Grübeln und verstehen wollen vergeuden, könnten wir viel sinnvoller und effektiver nutzen. Aber mehr dazu später.

Jeder hat die Macht in sich, sein Ponyhofleben sofort anpeilen zu können, wie auch immer gerade die Umstände im Außen sind. Wenn man nicht den ersten Schritt dazu wagt, geht man immer leer aus und das Ponyhofleben darf weiterhin ein ersehnter, aber nicht erfüllter Traum bleiben.

Kinder haben es noch in sich abgespeichert, diese Echtheit, diese Authentizität, dieses blinde Vertrauen ins Leben, das alles immer gut ausgehen wird. Sie begegnen dem Leben mit kindlicher Neugierde, leben rein im Hier und Jetzt, spüren ihre Gefühle in jedem Atemzug und sind auch noch in der Lage, diese jederzeit zeigen und zulassen zu können. Kinder sind frei von Schuld- und Schamgefühlen, diese wirken erst ab einer gewissen Entwicklungsstufe, da beginnt der Moment, wo wir anfangen, in unterschiedliche Rollen zu schlüpfen und mit der Zeit vergessen, wer wir eigentlich wirklich sind.

Was macht Sie aus?
Wofür brennen Sie tief drinnen?
Wonach sehnen Sie sich WIRKLICH?

Wovon haben Sie irgendwann aufgehört zu träumen? Niemand hat uns gelehrt, diesen unerschütterlichen Glauben ins Leben verlieren zu müssen, dennoch kommt es vor, lässt uns klein sein, anstatt unserem Leben in voller Größe und Würde zu begegnen.

Wie leicht und frei wären wir, wenn wir früh morgens aufstehen, ohne Erwartungshaltung an den bevorstehenden Tag. Zu spüren, dass alles, was uns erreicht, ausschließlich unserem Wohl dient und unserem Weiterkommen. Jeder Mensch, der uns an diesem Tag begegnet, vollkommen egal, wie diese Begegnung ausfällt, als das zu nehmen, was es ist, einfach eine Begegnung. Wäre es nicht viel einfacher, ab sofort nichts mehr persönlich zu nehmen? Weshalb nehmen wir so viel persönlich? Wenn jemand das Bedürfnis verspürt, schlecht gelaunt sein zu wollen, weshalb nehmen wir es persönlich, interpretieren irgendetwas hinein, anstatt den Menschen als das wahrzunehmen, was es ist? Ein Mensch, der sich dazu entschlossen hat, schlecht drauf zu sein. Sich nicht mehr mit Groll, Ärger, Zorn und Wut auseinanderzusetzen verschafft ein Gefühl der Befreiung, der Erleichterung, lässt uns in eine Welt der Leichtigkeit eintauchen.

Wie viel einfacher wäre es dann, dem Tag eine faire Chance zu schenken, ein guter werden zu können? Den Menschen, die uns umgeben eine faire Chance zu schenken, uns nicht mit böser, intriganter, manipulativer Absicht begegnet zu sein. Meist steckt nämlich genau nicht viel dahinter und wir neigen dazu, aus einer Mücke einen Elefanten zu machen, oft nicht einmal im Außen, vielmehr tendieren wir dazu, uns hinter vorgehaltener Hand klein zu reden, uns kleinzumachen. Wozu? Weil wir es gewohnt sind. Aus Gewohnheit tendieren wir dazu, uns hinter Angst, Vorurteilen und vielem anderen zu verstecken, anstatt es einfach ab und an etwas nüchterner, objektiver zu betrachten.

Menschen sind es nicht gewohnt, auf einer Welle des Glücks zu reiten. Unbekanntes Terrain erzeugt Ängste und Befürchtung, möglicherweise aus Sorge, dass diese „Glückssträhne" irgendwann wieder endet.

Der Mensch ist bekanntlich ein Gewohnheitstier und als solches würde es bedeuten, über seinen Schatten springen zu müssen. Einen Sprung aus der gewohnten Komfortzone, ohne zu wissen, was sich dahinter verbirgt. Viel bequemer ist es, da zu bleiben, wo man glaubt, die Situation zu kennen, sie einzuschätzen und zu kontrollieren, zumindest glauben wir das. Doch das Leben lässt sich nicht kontrollieren, man kann dem Leben nur das Vertrauen schenken, dass es gut werden kann.

Zu gern lenken wir uns selbst von uns ab, um uns nicht mit uns auseinandersetzen und reflektieren zu müssen. Reflexion bedeutet auch, dass man erkennt, wo es einen wirklich hinzieht und wie weit man eigentlich (noch) davon entfernt ist.

Leichter ist es, den gewohnten Trott beizubehalten, lähmende Gespräche zu führen, sich mit Arbeit, die einen schon lange nicht mehr beflügelt, abzulenken. Dieser Weg ist gewiss nicht der, der zu innerem Einklang und Authentizität führt.

Sich selbst reflektieren zu wollen, sich mit sich selbst –
mit all seinen Facetten auseinanderzusetzen, ist der
erste Schritt zur Selbstannahme und Selbstheilung.

Eine Konfrontation, weit ab von der Möglichkeit, es auf
andere schieben zu können, dass der gewünschte
Erfolg ausblieb. Das nennt man Eigenverantwortung.
Man ist der Schöpfer seiner Wirklichkeit, in jedem
Atemzug, niemand anderes ist für das eigene Leben
verantwortlich, außer man selbst.

Wer wagt den Blick in den Spiegel, um sich selbst zu
begegnen? Ich habe Jahre benötigt, diese Hürde zu
meistern. Zu viel Befürchtung hatte ich davor, wen
oder was ich erblicken würde. Wovor hat man Angst?
Dass die negativen Eigenschaften den positiven
überwiegen?

Nur weil man manchmal schlecht gelaunt ist, ist man
noch lange kein Pessimist. Ich bin Optimist, durch und
durch und trotzdem gibt es diese Tage, wo ich schlecht

gelaunt bin. Sich deshalb kleinzureden ist nicht förderlich.

Reflexion bedeutet ebenso, sich bewusst zu machen, womit man sich identifiziert. Wenn man sich als Pessimist bezeichnet, nur weil man ab und zu einen negativen Zugang verspürt, wäre das eine Ausrichtung, sich IMMER als das zu sehen. Vielmehr geht es darum, den negativen Gefühlen nicht diese Macht zu geben, sie sind nur Gefühle, Teile von uns, aber nicht wir als Ganzes. Verstehen Sie, worauf ich hinaus möchte? Nur weil man ab und zu schlechte Eigenschaften an sich bemerkt, ist es nicht die Lösung, sich von diesen bestimmen zu lassen. Gefühle haben nur die Macht, Einfluss auf uns und unser Leben nehmen zu können, wenn wir ihnen diese Macht gewähren, statt sie einfach in dem Moment sein zu lassen.

Selbstliebe bedeutet, sich so anzunehmen und zu lieben, wie man ist, in jedem Moment, mit allem, was dazugehört. Niemand ist immer Sonnenschein.

Betrachtet man die Natur, hält sie uns immer vor Augen, dass der Tag ohne Nacht nicht funktionieren kann. Es ist ein perfektes Gleichgewicht, in dem wir leben und uns glücklich schätzen dürfen.

Um ein authentisches Leben zu führen, ist es unabdingbar, sich in all seinen Facetten zu lieben und anzunehmen, wie man ist, um sich das Leben, das man wünscht, überhaupt annehmen zu können. Mit der Selbstliebe geht auch rasch das Bewusstsein für die Selbstverantwortung einher, der Ausbruch aus dem gesellschaftlich gewohnten Opfer-Täter-Szenario.

Eigenverantwortung gibt uns die Möglichkeit, aus den gewohnten Mustern ausbrechen zu können, ins Handeln zu kommen, um uns das, was immer wir uns vorstellen, zu holen, die Konsequenzen für alles, was uns in der Vergangenheit misslungen ist, zu tragen und Frieden in uns zu schaffen. Erst wenn es in uns ruhig wird, vermögen wir einen klaren Blick in uns zu werfen.

Wenn man sich beim Wildwasserkajaken auf einen Felsen konzentriert, den man nicht rammen möchte, was glauben Sie, wohin man fährt? Richtig, über den Felsen. Es ist mir persönlich passiert. Ich hatte so große Angst diesem - für mich zu großen Felsen - nicht ausweichen zu können, dass sich mein Blick nicht davon abwenden ließ und ich schnurstracks darauf zu paddelte. Ja, ich paddelte. Ich. Ich selbst war es, die sich in diese Situation gebracht hat, weil ich den Fokus rein auf das Problem richtete. Zum Glück ging alles gut aus und einer gesunden Heimkehr stand nichts mehr im Wege. Dieses Ereignis habe ich gedanklich abgespeichert. Es ist nicht die Lösung, sich mit dem zu beschäftigen, was man nicht wollte oder noch möchte, vielmehr ist es wirkungsvoller, seinen Geist und die Konzentration auf das zu richten, wohin man will.

Vielleicht haben Sie schon einmal vom Gesetz der Resonanz gehört. Es besagt, dass Gleiches Gleiches anzieht. Hier eine einfache Erklärung zum Thema:

Wenn man seine Gedanken auf ein gewünschtes Ergebnis richtet, setzt das Gesetz der Anziehung alles daran das fokussierte Ziel in schnellstmöglicher Zeit zu erreichen.

Ich persönlich kann dem nur zustimmen. Es gibt viele großartige Fachbücher, Ratgeber oder Filme zu dieser Theorie, falls Sie sich damit näher auseinandersetzen möchten.

In diesem Ratgeber beschäftige ich mich nicht rein mit dem Gesetz der Anziehung als solches, vielmehr möchte ich eine aufbauende Version kreieren, nicht um rein Wünsche aus dem Geist in unser Leben zu ziehen, sondern jene anzustreben, die aus unserem tiefsten Herzen stammen. Jene Wünsche, die uns der Geist noch nicht erlaubt, realisieren zu können. Ganz ohne viel Arbeit, Kraft und Mühe.

Ich persönlich halte sehr viel davon, sich mit seinen negativen Glaubenssätzen und -strukturen auseinanderzusetzen, dennoch stoße ich dabei selbst immer wieder an Grenzen, da sehr viele negative

Muster tief verschüttet im Verborgenen liegen. Es würde mich persönlich zu sehr frustrieren alle Glaubenssätze sichtbar machen zu müssen, um an mein persönliches Glück glauben zu können. Dieser Weg dient der Abkürzung, einer schnelleren Version, um sofort eine Ausrichtung zu einem glücklichen, selbstbestimmten, authentischen Leben zu kreieren. An dieser Stelle möchte ich jedoch aufmerksam machen, dass diese Methode nicht negative Glaubenssätze neutralisiert bzw. auflöst.

ABER: Die Wirkung wird gehemmt, ihre in uns ständig aufpoppende, über alles erhabene Präsenz. Ihr Zugang wird geändert, die Sicht auf Dinge und deren Entwicklung. Dieser Weg lässt einen sofort Eigeninitiative und Handlungsfähigkeit erreichen. Wo einem sonst geraten wird, Dinge nicht vorschnell anzugehen, gebe ich hier eine Möglichkeit, sofort aus der Handlungsunfähigkeit, der Ohnmacht, in eine selbstbestimmte Aktion gelangen zu können.

Selbstverantwortung übernehmen und eine Korrektur seiner persönlichen Spur vorzunehmen, setzt Mut und Kraft voraus, die eigene bequeme Komfortzone mit allem, was zu ihr gehört, verlassen zu wollen. Die Hülle aus Negativität und Frustration ein für alle Mal über Bord zu werfen und sich dem zu widmen, was jeder ganz tief in sich trägt.

Alle Menschen haben tief in sich selbst einen Kern, der heil ist, unversehrt geblieben ist, egal was einem in der Vergangenheit widerfahren ist.

Dieser Kern ist geschützt und wird immer geschützt bleiben. An diesem Ort gibt es nur Liebe, Ruhe, Zufriedenheit, einen Einklang mit sich und der Welt auf eine Art, wie wir sie im Außen niemals zu Gesicht bekommen könnten. Hier ist alles immer gut und war gut. Dieser Kern, das ist unser ureigenstes Ich, das nun endlich angesehen und gelebt werden möchte. Hier existieren weder positive noch negative Eigenschaften, hier gibt es nur die wahre, reine Liebe, die jeder in sich trägt.

Hier ist der Beginn unserer gemeinsamen Reise.

Kapitel 2

D as Gesetz der Resonanz, oder auch das Gesetz der Anziehung genannt, behauptet, dass Gleiches immer Gleiches anzieht.

Damit ist gemeint, dass wir täglich, immer und immer wieder, durch Begegnungen, Situationen, etc. ... unsere innere Haltung im Außen gespiegelt bekommen. Alles, das unserem Bewusstsein und Unterbewusstsein bekannt ist oder entspringt, ziehen wir (wie mit Hilfe eines Magnetes) in unser Leben und lassen es dadurch für uns sichtbar oder spürbar werden.

Jeden Tag werden wir bewusst oder unbewusst mit unserem Innenleben im Außen konfrontiert, eine Projektion unserer Gedankenwelt manifestiert sich. Diese Projektionen schenken uns einen Indikator dafür, wie weit wir unserer „Spur" entfernt sind, um uns treu bleiben zu können. Dieses sichtbar gewordene Bild im

Außen schafft die besten Bedingungen, eine sofortige Korrektur vorzunehmen.

Jedem von uns ist es möglich, diesen Prozess bewusst mitzugestalten, um günstigere Bedingungen zu schaffen für eine gewünschte Verbesserung der Lebenssituation. Was allerdings an dieser Stelle oft vergessen wird, ist, dass auch unser Unterbewusstsein in der Lage ist, sich diesem Mechanismus des Resonanzgesetzes zu befähigen. Wenn es den Anschein hat, dass Dinge nicht nach Ihrer Zufriedenheit funktionieren, läuft entweder ein negatives Programm aus Ihrem Unterbewusstsein ab oder es liegt an einer falschen Geisteshaltung.

Dank der Projektionen, die in unserer subjektiv wahrnehmbaren Realität sichtbar werden, kann man sich schnell bewusst darüber werden, wo der Ursprung in uns liegt.
Allein schon dieses Wissen über das Gesetz der Anziehung, kann unseren Glauben stärken, aktiv eine

Lebensveränderung anstreben zu können und auch zu erhalten.

Es funktioniert immer. Der Witz dabei ist, je authentischer man lebt, desto eher erhält man jene Situationen, die wirklich zu einem passen und uns nachhaltig zufriedenstellen.

Lässt man das Leben nur so dahinplätschern, greift das Gesetz auf unsere geglaubte Lebenseinstellung und Glaubensmuster zurück und der Teufelskreis der Frustration, der geglaubten Ungerechtigkeit, bleibt bestehen.

Kapitel 3

Ihre Lebensumstände mit einem Drehbuch zu vergleichen dient der einfacheren Veranschaulichung, weshalb Begegnungen und Situationen so ablaufen, wie Sie sie erleben bzw. Ihr Bewusstsein sie empfängt.

Betrachten Sie sich als Regisseur Ihres Lebens.

Jeden Tag kreieren Sie (bewusst oder unbewusst) die Szenen, die Sie erleben möchten. Über das Gesetz der Anziehung wird all dies in den Lebenskreislauf hinausgestrahlt, um zu Ihnen als „sichtbar gewordener Film" zurückzugelangen. Emotionen sind ein wichtiger Faktor in diesem Prozess. Je positiver Ihre Gefühlswelt gestaltet ist, desto positiver gestaltet es sich im Außen, nimmt dort die gewünschte Form des Ausdrucks an. Personen, Situationen, Lebensumstände, all dies wurde eigens von Ihnen erschaffen.

Handelt man aus dem Gefühl der Selbstliebe und Selbstfürsorge heraus, schafft man die perfekten Bedingungen, dass sich die Realität nach den eigenen Wünschen und Bedürfnissen formt, sich positiv zu verändern beginnt und letztlich für Sie sichtbare Gestalt annimmt.

Je mehr Ihr Fokus (bewusst oder unbewusst) auf negative Gedanken- und Glaubensstrukturen gerichtet ist, desto kritischer, wütender, verletzender werden Ihre Drehbücher ausfallen. Ihrer Realität bleibt somit keine Möglichkeit, als Ihnen das gewünschte Ergebnis in der Form zu präsentieren, die Sie ursprünglich ausgesendet haben.

Alles rund um Sie verwirklicht sich nach Ihren Wünschen und Vorstellungen, immer.

Versuchen wir ein gemeinsames Gedankenexperiment. Lassen Sie sich kurz von mir in diese Theorie entführen und mitreißen. Wenn Sie sich nun vorstellen, dass SIE diese Drehbücher geschrieben haben und ALLE

Menschen Ihnen aus tiefster innigster Liebe (ganz tief drinnen existiert nur die reine Liebe) zu Ihnen diese Situationen geschenkt haben, was schafft es dann?

Frieden.

Frieden in Ihnen.

Frieden auch im Außen.

Schluss mit Groll, Vorwürfen, Zorn, Frustration, Enttäuschungen.

Ein Gefühl des inneren Friedens wird spürbar. Vorbei sind die inneren Machtkämpfe, seien sie nun gegen sich selbst gerichtet oder gegen andere, nun darf es ruhig werden im Inneren.

Merken Sie, wie Sie innerlich Ihr Schwert sinken lassen. Das imaginäre Schwert, allzeit bereit, Sie zu verteidigen, zu schützen und auf Konfrontation gehen zu können. Vielleicht halten Sie es noch vorsichtig in Ihrer Hand, aus Angst, dass jeden Moment etwas Unvorhergesehenes passiert.

Wovor möchten Sie sich schützen?

Vor Ihnen? Vor Ihrem Drehbuch?

Sie selbst erschaffen es, Tag für Tag. Alles was Sie für eine Umformulierung benötigen, tragen Sie in sich. Ihre Lösung liegt in Ihnen und Sie haben es jederzeit in der Hand, eine Wendung zu erzielen.

Vielleicht probieren Sie ab nun, liebevolle Drehbücher den Menschen zu verpassen, die davor eine Arschrolle spielen mussten? Wie fühlt sich das an? Jemand, der vielleicht eine gute Rolle gespielt hätte, aber nur die Arschrolle zugewiesen bekam und Ihnen trotzdem diese aus tiefster Hingabe geschenkt hat.

Nicht einfach zu verarbeiten und anzunehmen, richtig?

Aber dieser Zugang schafft sofortigen Frieden, verändert in dem Moment Ihre Ausstrahlung und somit auch Ihr Gesetz der Anziehung.

Nun ist Ihr Universum gerade verwirrt, hat auf Pause gedrückt und wartet auf eine neue Eingabe, Sie erfreuen zu dürfen.

Sie sind der Schöpfer Ihres Lebens, nur Sie, niemand sonst.

Ich kann sehr gut nachvollziehen, wie sich das jetzt anfühlt, schließlich habe ich diesen Prozess an mir selbst genossen.

Dieses Gefühl war schwierig zu erfassen, zum einen, weil es sich zu gut anfühlte, zum anderen, weil mich auf einmal unglaubliche Schuldgefühle plagten.

Schuldgefühle all den vielen Menschen gegenüber, denen ich keine wirkliche faire Chance gegeben habe, mich von Ihnen positiv überzeugen zu können. Zu verlockend waren die einen oder anderen Situationen, um mich hinter irgendwelchen selbst erfundenen Glaubenssätzen kleinzumachen, sie wegzustoßen, weil ich mich verletzt empfand in dem Moment. Taten sie das? Nein. Ich verletzte mich mit meinen Zugängen und meinen Handlungsweisen. Zu einfach ist es, jemand anderen „Schuld" zu geben an dem eigenen Misserfolg, anstatt in die Eigenverantwortung zu gehen und es besser zu machen.

Situationen können einen so heftig aus dem Gleichgewicht bringen, dass man komplett den Zugang zu einer objektiven Haltung verliert. Man schenkt seinen Emotionen die falsche Aufmerksamkeit, anstatt in die Liebe zu gehen und es aus einer anderen Sicht betrachten zu können.

Hilfreich in solchen Momenten ist oft die Vogelperspektive, um sich selbst etwas aus der Situation nehmen zu können. Der notwendige Abstand schafft ein Gefühl der Klarheit, um bei sich bleiben zu können. Entscheidungen zu treffen, wenn man emotional gerade nicht so ganz „funktioniert", sind nie gute Entscheidungen. Vielmehr sind es Schutzmechanismen, die die Oberhand gewinnen, uns die Handlungsfähigkeit rauben und quasi zum Selbstläufer werden. Wer kennt das nicht. Manchmal steht man einfach neben sich und das ist vollkommen in Ordnung. Kein Mensch ist perfekt, das macht uns menschlich, verletzlich und gleichzeitig auch zum Unikat und liebevoll.

Zurück zu den Schuldgefühlen.

Ich kann Sie beruhigen. Wenn Sie die Fähigkeit haben, ein Drehbuch schreiben zu können, alle anderen Personen können das ebenfalls. Diese Personen wollten genau diese Erfahrung mit Ihnen, ob ihnen das bewusst war oder nicht. Also bleiben Sie entspannt. Auch Sie schenkten diesen Personen aus Ihrer tiefsten Liebe heraus diese Momente, wie auch immer sie sich im Außen zeigten.

Gleiches zieht Gleiches an, nicht vergessen, es war genauso geplant und gewollt, zumindest aus Ihrem Bewusstsein oder Unterbewusstsein heraus.

Dieser Zugang schafft, aufbauend auf diesen inneren Frieden, sofortiges Gleichgewicht in Ihnen. Einen Moment der absoluten Entspannung, ohne jahrelange Therapie in Anspruch nehmen zu müssen, diese dient der Begleitung auf dem persönlichen Weg, der Stabilisierung, damit man sich weiterhin treu bleiben kann und nicht dazu neigt, in alte Muster zu verfallen. Alles ist gut, war gut und wird immer gut sein.

Raus aus der Komfortzone – rein in die MAGIC ZONE

Wir haben Angst vorm Glücklichsein, weil es der Verstand nicht erfassen kann. Wir sind ständig umgeben von Negativität, negativen Schlagzeilen (weil die Senderquote dadurch besser erreicht werden kann), Schicksalsschlägen im Umfeld, Werbungen, die uns ständig glauben lassen wie nicht - perfekt wir sind. Ich persönlich sehe keine Nachrichten, nie. Ich werde dann damit beginnen, wenn die Fernsehsender 50 % Positives sowie 50 % Negatives ausstrahlen, vorher nicht. Das Positive uns nicht zeigen zu wollen, uns klein zu halten, ist nicht meine Lebensphilosophie. Die Schöpfung basiert genau auf diesen 50/50.

Kein Tag ohne Nacht.

Kein Gut ohne Schlecht.

Ohne Krise keine Chance auf Wachstum oder Neuanfang.

Eine Blume stirbt, wird zu Humus, um einem anderen Samen die Möglichkeit geben zu können, leben zu dürfen.

Das ist Schöpfung. Wir alle sind Schöpfer und tragen dazu bei, jeden einzelnen Tag. Mit all unseren Entscheidungen und Handlungen (auch eine Nichthandlung ist eine Entscheidung) beeinflussen wir unser Leben, das uns umgibt.

Ich werde oft angesprochen, wie ich meine Einstellung vertreten kann, wenn auf dieser Welt so viel Kummer und Leid herrscht. Wie kann ich so eine radikale Einstellung haben und mich als liebevollen Menschen bezeichnen, wenn z. B. Kinder in Afrika vom Leid geplagt sind? Berechtigte Frage. Ich antworte immer: Ja, aus unserer Sicht ist es ein Wahnsinn, dennoch ist auch bekannt, dass meist diejenigen, die aus unserer Sicht nichts haben, die Glücklichsten und Dankbarsten sind. In unseren Breiten, der gelebten Leistungs- und Konsumgesellschaft ist unser Blick fürs Wesentliche abhandengekommen. Wir definieren uns über erreichte Ziele, Vergleichungen mit unseren Mitmenschen, anstatt dem Leben mit Dankbarkeit zu begegnen.

In unserer Gesellschaft ist es uns möglich, im „Überfluss" zu leben. Diese Tatsache ermöglicht uns viel, gleichzeitig trübt es unsere Sinne. Achtsamkeit mit sich selbst im Umgang und dem Überfluss, der uns umgibt, ist ein Schlüssel, sich treu bleiben zu können, sich nicht zu verlieren und dadurch nicht destruktive Copingstrategien (wie z. B. sich nach einem negativen Ereignis etwas zu kaufen) zu entwickeln.

Wir machen es uns allzu oft sehr leicht, uns in unserer Komfortzone zu verstecken und uns von den Versuchungen des Alltags verleiten zu lassen. Verstehen Sie mich bitte nicht falsch. Ich reise für mein Leben gern. Es würde mich persönlich sehr traurig stimmen, wenn ich damit aufhören müsste, doch ich wähle meine Reisen mit Bedacht. Ich lebe absichtlich eher minimalistisch, was nicht bedeutet, dass ich mir nichts vergönne. Mein Gewandkasten ist eher leer als voll, doch wenn ich ihn öffne, erblicke ich nur Stücke, die ich liebe und zu mir passen, diese Art, Dinge anzugehen, bereichert MICH. Sich von all den Dingen zu befreien, die man eigentlich nicht möchte und nur hat, weil man sie hat, befreit ungemein. Ich kann das nur jedem empfehlen. Wenn Sie alles aus Ihrer Wohnung, Ihrem Haus verbannen, was Sie nicht mögen, wo Sie nicht dafür innerlich brennen, es zu besitzen, wie viel würde dann noch übrig bleiben? Sehen Sie, nicht viel. Vielleicht blicken Sie sich in nächster Zeit bewusster um bei Ihnen zu Hause, lassen jedes Foto, jedes Accessoire, jedes Gewandstück auf sich wirken. Wie viel davon macht Sie glücklich? Wie viel davon macht Sie aus? Oder haben Sie manches nur, weil man es eben hat, weil es ein Geschenk war und Erklärungsbedarf geben könnte, wenn man sich nun davon trennen möchte? Muss man sich immer erklären? Reicht nicht einfach: Es passt nicht zu mir, ich will es nicht?

Braucht es immer ein 5* Hotel oder wäre es nicht mal spaßiger, der Natur eine Chance zu geben und zu versuchen, ein Zelt aufzubauen? Vielleicht eines das man nicht einfach hinwirft. Seien Sie stolz auf sich, machen Sie in jedem Augenblick, was Sie wirklich wollen und stehen Sie für sich und Ihre Träume und Wünsche ein, wie auch immer diese aussehen mögen. Fangen Sie endlich an, sich zu verteidigen, auf eine gesunde Art, ohne Schwert in der Hand oder unterbewusst ablaufenden Machtkämpfen.

Wer sind Sie wirklich?
Fangen Sie an zu leben. Hier. Jetzt.

Nur zu atmen und so zu tun als wäre man anwesend, das ist bitte nicht gemeint. Muten Sie sich dem Leben zu, es wartet auf Sie.

In dieser Welt, wo Digitalisierung und Schnelligkeit an der Tagesordnung steht, vergessen wir nur allzu oft zu entschleunigen, achtsam uns gegenüber zu sein, für unsere Wünsche und Bedürfnisse zu sorgen und dafür einzustehen, dass diese gewürdigt und geschätzt werden, weil wir es uns wert sind. Jeder ist es wert, glücklich und entspannt sein zu können.

Vielleicht fragt sich der eine oder andere, weshalb ich dieses Buch geschrieben habe, ohne fundierte Ausbildung auf dem Gebiet, denn schließlich brauchen wir es oft fachlich bestätigt, bevor wir dran glauben können. Es war mir einfach ein Bedürfnis. Nach jahrelanger Psychotherapie und Ausbildung zum Life-Coach, gepaart mit meiner eigenen Ungeduld kam ich irgendwann für mich an den Punkt, dass es auch schneller gehen kann. Also stürzte ich mich in unzählige Ratgeber, hinterfragte meinen eigenen Zugang, änderte Blickwinkel, bis ich irgendwann kurz vorm Aufgeben war. Ich war kurz davor, MICH aufzugeben. Aber was wie ein Ende erschien, war in Wirklichkeit meine beste Möglichkeit, mich selbst finden und heilen zu können. Aus all dem angesammelten Wissen der vergangenen Jahre nahm ich mir das heraus, was mich wirklich tief drinnen erreichte und schaffte einen neuen Zugang für mich. Für mich war es eine unglaubliche Grenzerfahrung, aber sie war es wert, ohne sie hätte ich mich niemals von dem alten Muster lösen können, um nun in meiner ganzen Pracht strahlen zu können.

Kapitel 4

Was steht hinter dieser Begriffsdefinition und weshalb ist sie von so enormer Wichtigkeit für uns Menschen?

Mit Authentizität ist jener Zustand gemeint, der uns ganz tief drinnen ausmacht, unser unverfälschtes, ureigenstes Ich, der Kern unserer Persönlichkeit, die im Laufe der Zeit mehr oder weniger in Vergessenheit geraten ist.

Wenn man sich vorstellt, dass die Welt um einen herum sich für einen Augenblick ausblendet, wie es Meditationen lehren, beginnt man wieder, Kontakt zum Ursprung herzustellen.

Hier gibt es nur Sie, alles andere verschwindet aus Ihrem Geist. Hier, an diesem Ort, existieren keine Sorgen, Ängste, Zweifel, nichts, was einen im

Augenblick konfrontiert oder eine Rolle einnehmen lässt.

Wonach sehnt sich dieses unverfälschte Ich von Ihnen?

Was macht Sie aus?

Wer sind Sie wirklich?

Wer sind Sie, ohne diese Hülle aus erschaffenen Rollen und Mustern?

Darum geht es. Hier in diesem Zentrum herrschen nur Liebe und Frieden, alles andere ist auf einmal nicht mehr so wichtig und zieht sich für diesen Zeitraum der inneren Einkehr zurück.

Alles ist gut. Alles war gut. Alles wird hier immer gut sein.

An diesem Ort werden Ihre wirklichen Wünsche und Träume kreiert. Hier können Sie dem Leben mit kindlicher Neugierde und Ihrem unerschütterlichen Glauben wieder entgegentreten.

Ich liebe Kinder, egal ob brav oder herausfordernd, laut oder leise. Alle Kinder haben eines gemeinsam. Sie sind echt, authentisch. Sie leben im Hier und Jetzt und nehmen alles einfach wie es kommt, ohne ihren Glauben ins Leben zu verlieren.

Erst mit unserer Heranreifung, den elterlichen Sorgen, gesellschaftlichen Normen und vielem mehr, verblasst langsam diese Echtheit, diese Authentizität. Auf einmal fühlt man sich nicht mehr gewollt, klein und unfähig. Negative Gedankenstrukturen übernehmen die Führung, versuchen uns zu schützen, abzugrenzen und stülpen uns diverse Rollenkäppchen auf, die uns glauben lassen, nur auf diese Art in der Gesellschaft Anerkennung und Würdigung zu erhalten, auch dazu gehören zu dürfen.

Langsam, aber stetig identifiziert man sich mit einer Rolle, die man zwar nicht wirklich verkörpert, aber es uns erträglicher anfühlen lässt, mitzuhalten. Immer weiter distanzieren wir uns von unserer Echtheit, unserem Charakter, den Hoffnungen und Träumen, die uns einst so viel bedeuteten.

Wer sagt, dass Ihr Kind kein Astronaut werden kann? Auf diesem Planeten gibt es Astronauten. Vielleicht wird Ihr Kind keiner, wahrscheinlicher ist, dass Ihr Kind sich umentscheidet. Aber was wäre, wenn Ihr Kind Astronaut wird? Man versucht, den Kindern eine realistische Herangehensweise mitzugeben, aus Sorge, dass sie sonst keine gesicherte Zukunft haben werden. Mit diesem Vorgehen nehmen wir nicht nur den Kindern ihren Glauben, viel schlimmer, wir stecken sie in eine Rolle, die sie nicht sein wollen. Wäre es nicht angebrachter, beim Aufpoppen eines, aus Ihrer Sicht, unrealistischen Wunsches, Ihr Kind einfach in den Arm zu nehmen, tief durchzuatmen und nichts zu erwidern, maximal Zuspruch? Ich bin mir absolut sicher, wenn Ihr Kind Astronaut wird, dann sind Sie die Person in der ersten Reihe, wenn die Rakete startet, mit Tränen in den Augen, weil Sie verdammt stolz sind, nicht?

Das wäre die perfekte win – win Situation für beide Seiten.

Das Gesetz der Anziehung besagt, dass Gleiches IMMER Gleiches anzieht. Wenn wir also unser unerschüttertes Ich ins Leben strahlen, ziehen wir sofort Menschen und Situationen an, die uns glücklich und zufrieden machen. Warum? Weil es zu uns gehört, weil all diese Träume aus unserem Herzen entspringen.

Alles, wofür Sie innerlich nicht brennen, gehört nicht zu Ihnen, sie akzeptieren es, machen einen Kompromiss mit sich selbst, aber das sind nicht Sie.

Wenn Sie einen innerlichen Luftsprung vor Freude fühlen, DAS sind Sie. Das entspricht Ihrem wahren Sein. In diesem Augenblick haben Sie etwas vollbracht oder getan, das genau dem entspricht, was Sie persönlich ausmacht, mit all Ihren Empfindungen und Eigenschaften. In diesem Moment haben Sie JA zu sich selbst gesagt, es zugelassen, sich selbst zu leben, leben zu wollen.

Das Gesetz der Anziehung beruht auf der Tatsache, dass Gleiches IMMER Gleiches anzieht.

Wenn wir also unseren unversehrten inneren heilen Kern ins Leben strahlen, ziehen wir sofort Menschen und Situationen in unser Leben, die uns glücklich und zufrieden machen, die wirklich zu uns passen und uns von innen heraus erfüllen.

Identifizieren wir uns allerdings mit der Version, die uns umgibt, bestehend aus teilweisen noch nicht transformierten Glaubenssätzen, Erfahrungen, Konditionierungen, ziehen wir genau diese Lebensumstände an, die uns frustrieren und traurig machen, weil sie dem nicht entsprechen, das uns ausmacht.

Unser Erleben ist zu jeder Tag- und Nachtzeit eine Projektion unseres Innenlebens. Es präsentiert uns unsere innere Haltung und macht diese sichtbar.
Der größte Kritiker ist man selbst, niemand sonst. Wie soll die Welt um uns herum strahlen können, wenn wir unseren Fokus auf alles legen, was uns nicht begeistert? Das kann nicht funktionieren. Unzählige

Bücher bauen genau darauf auf. „Liebe dich selbst und es ist egal, wen du heiratest", „The Secret", „Das Gesetz der Resonanz", sie alle handeln von diesem Zugang. Nur wer es vermag, mit sich im Reinen zu sein, inneren Frieden zu erlangen, ist auch fähig, sein Traumleben annehmen und umsetzen zu können. Sich etwas zu wünschen ist zu wenig, man muss auch die Bereitschaft dazu entwickeln, es wirklich zu wollen, den Mut aufbringen, sich für seine Wünsche und Träume groß zu machen und sie umsetzen.

Alles ist Energie

Strahlen wir die richtige Frequenz ins Leben, wird sie im Außen genau auf das treffen, das zu uns gehört und uns erreichen. Je mehr wir aus unserer Mitte heraus agieren, unserem Bauchgefühl vertrauen und unserer Intuition folgen, desto schneller gelangen wir an unsere Ziele. Urvertrauen ist der Schlüssel zum Erfolg. Vertrauen in uns, dass jeder Gedanke, der in unserem Kopf sichtbar wird, auch die Fähigkeit besitzt, sich verwirklichen zu können. Wir brauchen Inspirationen, Visionen, damit wir über uns hinauswachsen, Spuren hinterlassen, eine Bereicherung werden. Eine billige Kopie ist keine Bereicherung, vielmehr geht es darum, sein eigenes Unikat zu bleiben, darauf hat die Welt gewartet. Alle anderen gibt es schon, weshalb macht man sich gedanklich klein und zweifelt, dass man gut genug ist für diese Welt.

Es sind lediglich die eigenen Gedanken und Zugänge, die uns minimalistisch mit uns selbst umgehen lassen, zu oft versteckt man sich hinter guten, plausiblen Ausreden, die nur aus unserem Kopf entspringen, aber nichts mit der Realität zu tun haben. Nur Sie selbst sehen Ihre Realität als das, was sie ist, wie auch immer sie gerade für Sie erscheint. Jeder Mensch hat seine individuelle Sicht auf Dinge, zu oft ist dieser verfälscht, nicht klar, da Emotionen auch ein Wörtchen mitreden. Emotionen, Gefühle sind ein wichtiger Indikator, mit uns schnellstmöglich Kontakt aufnehmen zu können. Sie zeigen uns sofort, ob wir auf unserem gewünschten Kurs sind oder nicht, mehr Bedeutung sollte man ihnen jedoch nicht geben, das ist Wertschätzung genug, mehr braucht es nicht.

Den eigenen Emotionen das Zepter für die Lebensgestaltung zu überreichen, ist keine gute Idee, um Leichtigkeit und inneren Frieden zu erlangen. Man verliert die Handlungsfähigkeit, steht neben sich, anstatt für sich einzustehen.

Vergleichen Sie sich mit einem Unternehmen.

Setzen Sie Ihre Emotionen auf die Chefetage, degradieren Sie sich sofort und machen sich klein.

Sie sind Ihr Chef, die Führungskraft, der- oder diejenige, die das Sagen hat, sonst niemand.

Ihre Emotionen sind NUR ein gutes, funktionierendes Team, das Sie immer positiv zu unterstützen versucht.

Seien Sie stolz auf Ihre Emotionen, aber geben Sie ihnen nicht mehr Macht und Bedeutung als sie verdienen.

Kapitel 5

Die nachstehende Übung soll Ihnen dazu verhelfen, Ihre Vergangenheit nicht mehr allzu negativ zu beleuchten und empfinden.

Unser Fokus liegt so oft auf den Momenten, die uns weniger gut geglückt sind als auf diesen Momenten, die wir gut hinbekommen haben.

Durch diese Übung rufen Sie sich noch einmal all die positiven Momente zurück, um ein Gefühl des Stolzes zu entwickeln. Gleichzeitig schaffen Sie eine gute Möglichkeit, offener zu werden, damit das Vertrauen in Ihr Potenzial wieder fühlbarer und greifbarer wird.

Ich bitte Sie, sich nun ein Blatt Papier und Schreibmaterial zu organisieren.

Machen Sie es sich bequem, versuchen Sie sich zu entspannen. Was immer Sie dafür benötigen, lassen Sie es zu, in eine angenehme Haltung gelangen zu können. Nun notieren Sie sich ALLE Herzenswünsche Ihrer Vergangenheit.

Was auch immer Ihnen damals wichtig war zu erleben oder erreichen, schreiben Sie es auf dieses Stück Papier.

Es geht um Ihre Herzenswünsche, nicht darum, was Menschen von Ihnen erwartet oder verlangt haben umzusetzen.

Hier und heute geht es ausschließlich um Sie.

Wohin hat es Sie innerlich gezogen?

Was waren Ihre Träume?

Was wollten Sie unbedingt erleben?

Was war Ihnen wichtig zu erreichen?

Wenn Sie mit dieser Übung fertig sind, streichen Sie alle Punkte durch, die Sie bereits realisieren konnten.

Richten Sie den Fokus auf alles, was von Ihnen nun markiert wurde. Spüren Sie sich hinein. Wie hat es sich damals für Sie angefühlt? Gut, nicht? Verdammt gut, trifft es besser. Das sind diese besonderen Momente, die uns sehr stolz auf uns sein lassen. Momente, die wir uns selbst geschenkt haben, zugelassen haben, einfach glücklich zu sein, uns für das Glück entschieden haben.

Nun sehen Sie sich alle übrigen Punkte an, sofern noch welche dort stehen. Falls nicht, Gratulation, Sie können an dieser Stelle aufhören zu lesen, Sie haben bereits Ihren Dreh raus.

All jene, die noch Punkte vorfinden, sind herzlich eingeladen, sich selbst die Frage zu beantworten, ob Sie bis zum Schluss für sich und der Verwirklichung Ihrer Ziele eingestanden sind oder es doch im Bereich des Möglichen liegt, zu vorschnell aufgegeben zu haben. An dieser Stelle wäre es sehr ratsam, sich gegenüber ehrlich zu sein. Es ist keine Schande, wenn man das eine oder andere Mal den Glauben in eine Realisierung verliert, wichtiger ist, ihn wieder zu finden.

Konzentrieren Sie sich auf Ihre Stärke in Ihnen, wie auch immer diese für Sie fühlbar ist. Jeder hat diese besondere Macht in sich über sich und den eigenen Schweinehund drübersteigen zu können, Dinge wagen und anzupacken, wenn man es wirklich will.

Kapitel 6 –

Weg zu einem authentischen, glücklichen Leben

Schritt 1

B evor Sie beginnen, das Gewünschte zu fokussieren und anzupeilen, ist es unglaublich wichtig, sich mit den nachstehenden Fragen auseinanderzusetzen.

Lassen Sie sich Zeit dabei, entspannen Sie sich bei dieser Aufgabe, nur dann kann das gewünschte Ergebnis auch nachhaltig für Sie gut werden.

Wenn Sie Ihren innersten heilen Kern aufspüren, alles loslassen, was Sie umgibt, sich vorstellen, dass jegliche Menschen und Umstände augenblicklich aus Ihrem

Geist ausgeblendet sind, befassen Sie sich mit den folgenden Fragen:

Wer bin ich WIRKLICH?

Wofür brenne ich tief drinnen WIRKLICH?

Wo zieht es mich gedanklich WIRKLICH hin?

Was möchte ich WIRKLICH erleben?

Welchen Beruf möchte ich WIRKLICH ausüben?

Wo und wie möchte ich WIRKLICH leben?

Wie sieht meine Traumbeziehung WIRKLICH aus?

Wie sieht das perfekte Umfeld WIRKLICH aus?

Welche Art Menschen möchte ich WIRKLICH anziehen?

Was inspiriert mich WIRKLICH?

Was möchte ich gerne einmal WIRKLICH erleben?

Wohin und wie möchte ich WIRKLICH reisen?

...

Schließen Sie die Augen dabei.

Tauchen Sie ein in eine Welt, in der alles so ist und sein

kann, wie Sie es sich wünschen. Lassen Sie kein Detail

aus. Malen Sie sich Ihren Wunsch in den schönsten

Farben aus, Ihre Liste kann endlos lang sein. Je detailgetreuer sie ist, umso konkreter wird sich Ihre perfekte Welt für Sie kreieren.
Bringen Sie Ihre Wünsche gegebenenfalls zu Papier. Denken Sie dabei groß.

Ihrem Geist ist es vollkommen egal, ob Sie das Gewünschte bereits bekommen haben oder nicht, er ändert automatisch die Frequenz, Ihre innere Haltung, Ihre Ausstrahlung, wenn Sie ganz bei sich sind und bleiben.

Ihr Universum drückt in diesem Moment auf die Pause-Taste und wartet darauf, von Ihnen eine konkrete Anleitung zu bekommen, ein Drehbuch, das Ihnen wirklich entspricht und Sie erfüllt.

Wen oder was möchten Sie repräsentieren? Wofür brennen Sie?
Hören Sie bitte auf, eine Kopie zu sein, die Welt ist voller Kopien von Menschen, furchtbar.

Brechen Sie aus dieser Abwärtsspirale aus und fangen Sie an, sich zu leben. Schenken Sie der Welt, Ihren Mitmenschen eine faire Chance, Sie kennenlernen zu dürfen. Sie sind richtig mit allem, was zu Ihnen gehört, wirklich zu Ihnen gehört, genauso wurden Sie in dieses Leben geworfen und es wartet nur darauf, dass SIE sich endlich verwirklichen und leben.

Jeder ist eine Bereicherung. Immer. Solange man sich selbst treu bleibt, denn nur dann kann diese Welt sich weiterentwickeln und eine positive Schöpfung stattfinden. Wären alle nur authentisch, die Welt wäre augenblicklich schön und bunt. Jeder würde genau die Menschen in sein Leben anziehen, die zu ihm passen und all das Leid, die Enttäuschungen und der Frust hätten ein Ende. Beginnen Sie heute. Seien Sie eine Inspiration für alle anderen, denen noch ein wenig Mut fehlt, Ihren Weg zu finden. Leben Sie es positiv vor und verwandeln Sie nicht nur Ihr Leben zu dem Leben, das zu Ihnen passt, schenken Sie auch all jenen, die Sie umgeben, die Möglichkeit, ebenfalls ausbrechen zu können.

Raus aus der Komfortzone – rein in die MAGIC ZONE.

Haben Sie keine Angst davor. Es sind nur Befürchtungen spürbar, weil es Ihr Geist noch nicht erfassen kann, was sich hinter dem Regenbogen befindet. Seien Sie mutig, stehen Sie endlich für sich selbst ein. Sie sind es wert, glücklich sein zu dürfen.

Bei diesem Fragemodell handelt es sich um eine Möglichkeit, sich in Ihre Authentizität hinein-zu-spüren, Ihrer unverblümten Echtheit. Die Antworten sollten aus Ihrem Herzen und Bauch entspringen, es ist der erste Gedanke, der zählt. Wenn es wohlig warm wird, tief drinnen, dann sind Sie richtig, dann kommt man seinem wahren Kern ein Stück näher.

Ein JA zu sich selbst beginnt damit, es sich vorerst einmal geistig zu erlauben, seiner Fantasie freien Lauf zu lassen und groß zu denken.

Wenn man sich angewöhnt, diese Übung ab und zu anzuwenden, wird man einen Unterschied in der Beantwortung erkennen.

Antworten mit „Ich brauche …" drücken unerfüllte Bedürfnisse aus. Bedürfnisse bitte nicht mit Authentizität verwechseln. Bedürfnisse können momentane Mangelerscheinungen aufzeigen, welche sich jederzeit ändern, sobald der Mangel kompensiert wurde. Sie halten uns klein, machen uns abhängig und unfrei. Damit ist Authentizität nicht gemeint.

„Dafür brenne ich, deshalb mach ich es, oder hol ich es mir" drückt dieses Gefühl, sich selbst leben zu wollen, eher aus.

Eine meiner größten Leidenschaften ist es, mich mit der Geschichte des alten Ägyptens zu befassen. Vor 5000 Jahren waren sich die Ägypter schon über das Gesetz der Anziehung bewusst, bzw. den Weg zum gewünschten Erfolg, damals auch als „göttliche Dreiheit" bezeichnet.

(https://de.wikipedia.org/wiki/Magie_im_Alten_%C3%84gypten)

Für eine Zielverwirklichung sind nur 2 Faktoren wesentlich. Der Wille, voll und ganz dahinter zu stehen und der Ausspruch, damit ist das Loslassen, Abgeben des Wunsches in das Universum gemeint.

WILLE + AUSSPRUCH = MAGIE

Erst im neuen Reich wurde diese Formel um 3 Komponenten erweitert:

TUN, HÖREN und BESTIMMUNG

Weshalb? Um die Menschen klein zu halten, um es nicht allen „MÖGLICH" zu machen. Betrachten wir es als Test an uns selbst und schenken dem nicht weiter Bedeutung.

Nur wer für sich selbst einsteht, sich ausschließlich darauf konzentriert, was er wirklich möchte, wird sein Ziel erreichen.

Ohne Wenn und Aber. Die stärkste Kraft dazu entspringt aus unserer inneren Quelle.

Schritt 2

Nachdem Sie sich nun Ihrer Ziele, die Sie erreichen möchten, bewusst sind, folgt der nächste Schritt. Lassen Sie los.

Fragen Sie nicht nach dem WIE.

Es ist vollkommen egal, wie Sie an Ihr Ziel gelangen, wichtiger ist doch, es zu erreichen, nicht?

Dieses „Wie werde ich es schaffen?" poppt viel zu groß und mächtig in unseren Gedanken auf, es blockiert den Fluss zur Erfüllung. Gedanken beginnen zu kreisen, eine für den Verstand erklärbare und annehmbare Lösung wird stetig versucht zu finden.

Schluss!

Es reicht, sich auf Sie zu konzentrieren, auf das, was Sie wirklich ausmacht, wofür Sie wirklich brennen und es leben möchten. Auf diesem Planeten gibt es alles, was das Herz begehrt, vertrauen Sie darauf, dass es den

Weg zu Ihnen findet, Sie immer zum richtigen Zeitpunkt am richtigen Ort sind. Ihre Bauchstimme wird Sie führen, überhören Sie sie nicht. Falls Sie nicht wissen, was ich meine:

Es ist dieser kurze, aufpoppende Moment, der nicht rational zu erklären ist. Auf einmal entspringt ein Gedanke in Ihrem Kopf, möglicherweise hat er in dem Moment überhaupt nichts mit der Situation zu tun, DAS ist Ihre Bauchstimme. Manchmal ist sie ein leises Flüstern, manchmal schreit sie uns förmlich an.
Tun Sie sich selbst den Gefallen und schenken Sie Ihrem besten Mitarbeiter das Gehör. Speichern Sie diese Information ab und folgen Sie dieser Eingabe, eines Tages wird es auch für den Verstand zu erfassen sein, wofür diese innere Eingebung gut war.

Wenn Ihre Ausrichtung stimmt, Sie all Ihre Energie in die Erreichung Ihrer Wunschvorstellung investieren, dann findet das Leben für Sie immer den schnellstmöglichen Weg, eine gute, harmonische

Möglichkeit, um auch wirklich dorthin gelangen zu können.

Diese Bauchstimme ist genau das. Sie leitet Sie durch diesen verschleierten Weg, den der Verstand nicht begreifen kann, sie ist Ihre Navigation in dem Nebel des Nichtwissens, sie führt Sie zum Erfolg.

Diese Stimme, sie entspringt aus Ihnen. Sie haben Ihr Potenzial in sich, mehr braucht es nicht. Alles, was Sie brauchen, ist in Ihnen, war immer in Ihnen und wird immer in Ihnen sein, IMMER.

Wenn Sie sich gerade allein empfinden, nicht weiterwissen, denken Sie daran, Sie haben in Ihnen das beste Team, das Sie unterstützen kann. Sie sind nicht allein, in Wahrheit sind wir alle vernetzt, auch wenn unser Verstand dagegen argumentiert.

Wie wäre es sonst möglich, dass Sie einem alten Bekannten auf der Straße begegnen, an den Sie ein paar Tage zuvor dachten und sich über eine Begegnung gefreut hätten? Richtig, das ist das Gesetz der Anziehung und es wirkt immer, in jedem Augenblick. Machen Sie sich frei von all den Glaubenssätzen, die uns klein erscheinen lassen, man muss nicht alles erklären, Hauptsache es funktioniert.

Freuen Sie sich auf diesen Weg. Vielleicht haben Sie Lust, ein Visionboard zu kreieren, um Ihre Ziele immer vor Augen zu haben, sie kreativ zum Ausdruck zu bringen, bevor sie sich realisieren. Was immer Sie dabei unterstützt, auf Ihrem gewünschten Kurs zu bleiben, Ihre innere Haltung nicht zu verlassen, ist herzlich willkommen. Der Fantasie sind keine Grenzen gesetzt. Sie haben selbst Ihre Lösung in sich. Was immer Sie brauchen, holen und machen Sie es, um positive Schwingungen zu erzeugen. Fühlen Sie, als wäre es bereits passiert, freuen Sie sich darüber, dass es sich bereits auf den Weg zu Ihnen gemacht hat. Wenn Sie im Internet etwas bestellen, schließen Sie auch einen Kauf ab, ohne das Paket bereits in Händen zu halten, nicht? Machen Sie den Kaufvertrag mit dem

Universum, sagen Sie über Ihre Gedanken, Emotionen, was Sie wirklich benötigen, um sich glücklich fühlen zu können, dem Leben voll Freude begegnen können. Und bitte machen Sie sich nicht kleiner, als Sie sind. Hören Sie auf, Kompromisse mit sich einzugehen. Was wollen Sie wirklich? Darauf sollte Ihr Fokus liegen und nicht auf dem, was Sie nicht wollen oder auf momentane Mangelerscheinungen.

Wir erinnern uns zurück: Der Felsen im Fluss. Macht es klick? Ja, so fährt man nicht Kajak, aber diese Erfahrung war es wert für mich.

Volle Konzentration auf das, was man möchte und alles andere einfach sein lassen.

Den inneren Kampf beenden.

Frieden finden und die Vergangenheit mit all Ihren Erfahrungen gut sein lassen, sie hat sie schließlich zu dem gemacht, was Sie heute sind. Seien Sie stolz auf sich.

Sie schreiben täglich Ihr Drehbuch, lassen Sie einen Film abspielen, der Ihnen gefällt.

Schritt 3

Das ist einer der wichtigsten Punkte: Vertrauen. Sie haben das Potenzial in sich, alles erreichen zu können, was Sie wollen und Sie ausmacht. Vertrauen Sie sich.

Selbstvertrauen ist unablässig, um den gewünschten Erfolg in Ihr Leben zu holen. Wenn Sie selbst nicht daran glauben können, dass Sie Ihr Leben rocken, dann wird es genauso kommen, wie Sie es nicht möchten. Ihr Ziel ist in unmittelbarer Reichweite, greifen Sie zu. Machen Sie sich startklar, Ihre Träume und Wünsche an Land zu ziehen. Vertrauen Sie dem Gesetz der Anziehung, wenn Sie noch nicht 100%ig an sich glauben können, es ist in Ordnung. Wenn Sie kontinuierlich mit Erfolgserlebnissen konfrontiert werden, wächst dadurch Ihr Selbstvertrauen automatisch. Geben Sie sich und den Dingen Zeit, sich entwickeln zu können. Kein Meister ist je vom Himmel gefallen. Sehen Sie Ihre

Vergangenheit als Vorbereitung für diesen, jetzigen Moment.

Scheinbar hat sich nicht alles nach Ihrer Zufriedenheit entwickelt, sonst würden Sie jetzt nicht meinen Ratgeber lesen. Also, was haben Sie zu verlieren? Sie haben jederzeit die Möglichkeit, sich wieder in Ihre bequeme, frustrierende Komfortzone begeben zu können, auf ein paar Tage oder Wochen kommt es nun auch nicht mehr an, oder? Wer weiß, vielleicht erreicht Sie ja doch dieses Wunder, an das Sie bis jetzt nicht glauben konnten, dass Sie es verdient haben.

Stur und bockig seinen Weg weiterzugehen, weil man den Glauben an was Besseres verloren hat, ist kein Erwachsenenverhalten. Übernehmen Sie Verantwortung für Ihr Leben, Sie haben es verdient, glücklich zu sein und zu werden. Fangen Sie an, sich so sehr zu lieben, dass Sie sich alles von ganzem Herzen gönnen. Lassen Sie es zu, sich von Ihrer Sehnsucht treiben zu lassen. Richten Sie Ihren Fokus auf Ihr Ziel,

fragen Sie nicht nach dem „Wie wird es mir gelingen?".
Verschwenden Sie nicht unnötig mehr Energie, als notwendig ist.

Oft glaubt man, hart dafür arbeiten zu müssen, sich durchsetzen zu müssen, um den gewünschten Erfolg auch zu verdienen.

Wer sagt das? Die Gesellschaft? Dann zeigen Sie ihr, dass es auch leicht und einfach geht, weil es viel bequemer ist, sich nicht ständig abzuhetzen und bemühen zu müssen, weil sich ständig beweisen zu müssen anstrengend ist. Es kann auch ganz einfach gelingen, Sie haben es in der Hand. Ich habe Leichtigkeit gewählt, es interessiert mich nicht, auf dem Weg zu meinem Erfolg ständig 200 % geben zu müssen. Meine Inspirationen kommen dann, wenn die Zeit reif dafür ist, dann pack´ ich sie und mach etwas Gutes daraus und den Rest der Zeit verbringe ich mit den Menschen, die mir guttun, die ich liebe und erfreue mich an den anderen zahlreichen wohltuenden Momenten.

WILLE + AUSSPRUCH = MAGIE

Darum geht es.

Erinnern Sie sich an Schritt 2? TUN, HÖREN und BESTIMMUNG kamen erst später hinzu, um die Menschen klein zu halten, um es Ihnen zu erschweren. Die ursprüngliche Aussage verkörpert nur die Ansicht, dass wenn man weiß, was man wirklich möchte und sich für seine Träume bereit macht, für sich einsteht, es automatisch zum Erfolg führt.

Hier steht nichts von:

Der Weg muss steinig sein, sonst bekomme ich es nicht.

Ich muss hart arbeiten.

Ich muss immer ja sagen.

Ich muss …

Nein, nichts von alldem steht geschrieben.

Wenn Sie wirklich wissen, WAS Sie ausmacht und es sich auch aus ganzem Herzen vergönnen, dies zu leben, genau das zu erhalten, was Sie erfüllt, dann macht es sich bereits auf den Weg zu Ihnen.

Ihre Aufgabe ist dann lediglich, wenn das „Wunder" geschieht, sich nicht umzudrehen und zu glauben, dass es nicht real sein darf, sondern anzunehmen.

Anzunehmen, weil es nur für Sie sichtbar wurde und sonst für niemand in dem Moment. Es war ausschließlich für Sie bestimmt, also nehmen Sie es einfach an, ohne schlechtes Gewissen irgendwem gegenüber. Leben Sie ab jetzt eine Vorbildfunktion, inspirieren Sie die Menschen in Ihrem Umfeld, zeigen Sie ihnen, wie es geht und nicht länger, wie es nicht funktioniert.

Erhöhen Sie sich, seien Sie ein Schöpfer. Spielen Sie mit Ihren kreativen Einfällen, packen Sie das Leben auf eine spielerische Art und Weise an. Beginnen Sie am besten sofort damit. Worauf warten? Um wieder eine gute Ausrede zu finden, die Komfortzone nicht verlassen zu müssen? Ertappt. Nehmen Sie mich nicht immer zu ernst, ich vergönne Ihnen Ihr Glück aus ganzem Herzen und manchmal braucht es vielleicht eine etwas forsche, provokante Art der Ping – Pong- Fläche, um für sich in die Gänge kommen zu können.

Rufen Sie sich die Übung mit all Ihren vergangenen positiven Ausgängen zurück ins Gedächtnis. In jeder Vergangenheit befinden sich Dinge, die sich positiv erfüllt haben, suchen Sie danach und vermehren Sie diese Momente.

Schritt 4

An diesem Punkt sind Sie bestens vorbereitet. Sie haben sich mit sich selbst auseinandergesetzt, wissen, was Sie wirklich wollen, wohin sich Ihr Weg entfalten und entwickeln soll.

Nun überlassen Sie die Führung Ihrem Bauchgefühl, es wird Ihnen die nötigen Punkte zu erkennen geben, wenn Sie zugreifen sollen. Das Bauchgefühl, oder auch unsere Intuition beschert uns immer den kürzesten, harmonischsten Weg, wenn wir auf sie hören, sie hörbar oder spürbar werden lassen, dann gleiten wir mühelos auf unseren Traum zu. Wenn sich eine Idee in Ihrem Kopf auf einmal bemerkbar macht, völlig aus dem Zusammenhang gerissen, dann redet Ihre Intuition mit Ihnen. Sie versucht sich laut und bemerkbar zu machen. Notieren Sie es sich, versuchen Sie nicht es zu analysieren oder zu durchdenken. Den Sinn dahinter versteht man erst viel später. Vertrauen Sie auf sich, Sie haben das notwendige Rüstzeug, um mühelos Ihren Zielen näher zu kommen. Der Kopf steht unserer Intuition so oft im Weg. Für ihn sind die Dinge nicht plausibel in dem Moment, er kann es sich nicht rational erklären und schon beginnen unsere Gedanken zu kreisen und aus einer tollen Idee wird ein Humbug, der sofort abgetan wird, für nichtig erklärt, ohne ihm die Möglichkeit zu schenken sich im Außen verwirklichen zu dürfen. Stoppen Sie diesen Prozess. Wann immer Sie eine zündende Idee haben, die aus Ihrer Mitte entspringt, greifen Sie zu, SOFORT.

Alles andere dürfen Sie Ihrem Kopf später dazu erklären, auch er darf mal abgeben und rasten. Seine Aufgabe ist es nicht, sich ständig in einen gesunden Ablauf einzumischen, seine Aufgabe ist es, kühl zu bleiben und das zu verkörpern, wofür er gemacht worden ist, die Aufbewahrung all unserer Erinnerungen, ein Archiv, das man jederzeit betreten kann, wenn man die notwendigen Informationen benötigt, die irgendwo im letzten Winkel abgespeichert sind. Aber auch er ist nur ein Teammitglied und soll sich lediglich um seine Aufgabe kümmern, das ist ohnehin Aufgabe genug. Beginnen Sie, Ihren Kopf, Ihren Geist vor zu viel Arbeit zu schützen, wir wollen schließlich nicht, dass dieser Burn-out bekommt und ausfällt, dafür ist er als Teammitglied zu wertvoll. Würdigen wir seine Aufgabe und lassen es damit auch wieder gut sein.

Aus dem Kopf, dem Geist heraus entspringen all diese negativen Glaubenssätze, negativen Gefühle wie Angst, Zweifel, Sorgen. Die Intuition kennt das nicht, sie sorgt schließlich immer dafür, dass man an sein Ziel gelangt, weshalb sollte sie sich also sorgen?

Kennen Sie das? Sie fahren auf der Autobahn, Sie scheinen klar bei Sinnen zu sein, Ihre Augen sind konzentriert auf die Straße gerichtet. Plötzlich fühlen Sie sich seltsam. Sie bremsen. Und da, ein Radargerät am rechten Straßenrand. Puh, Glück gehabt.
Unsere „bewusste" Sicht auf Dinge ist sehr begrenzt, es würde unseren Verstand vermutlich nachhaltig

schaden, uns mit zu vielen Reizen zu überfluten,
deshalb hat die Natur auch diese „unterbewusste"
Sicht auf Dinge kreiert. Wir glauben, mit unseren Augen
alles auf der Straße, im Leben, erfassen zu können,
doch das wäre zu viel. Unserer Intuition entgeht jedoch
nichts. Sie nimmt über unsere Sinne alles wahr, was
uns umgibt und gibt sofort Rückmeldung, wenn
unserem Bewusstsein etwas Bedeutungsvolles
entgehen würde.

Es war wichtig, mich in dem Moment auf der Straße
seltsam zu empfinden. Mein Unterbewusstsein hat
dieses Radargerät schon lange bemerkt und wollte
mich vor unnötigem Schaden schützen.

All diese Dinge begegnen uns tagtäglich, ohne dass wir
uns bewusst mit unserer Macht auseinandersetzen.
Wir funktionieren einfach und das vermutlich besser als
jegliche Erfindung der Welt.

Der Mensch ist ein absolut perfekt erschaffenes
Wesen, jeder von uns. Wir können uns glücklich

schätzen, mit all diesen Gaben ausgestattet zu sein, unabhängig von Herkunft, Glauben, der Lebenssituation, die uns derzeit noch konfrontiert. Jeder bekommt diese wunderbaren Gaben zur Verfügung gestellt.

Der Mensch ist ein perfekt erschaffenes Wunder, voll und ganz. Seien sie stolz, zu diesem Wunder gehören zu dürfen und fangen Sie an, die Dinge zu nutzen, die Sie geschenkt bekommen haben. Nutzen Sie Ihre Intuition, sie wird Sie nicht enttäuschen, verwenden Sie Ihren Kopf, um brauchbares Material hervorzuholen, wann immer Ihnen danach ist, fühlen Sie Ihre Emotionen, Sie geben ständig Rückmeldung, wie weit Sie Ihrer Spur nahe oder entfernt sind.

Vollkommen egal, welches Lebensschicksal Ihnen widerfahren ist, all diese Dinge kann Ihnen niemand wegnehmen, die gehören ganz ausschließlich Ihnen. So lange Sie leben, unabhängig welche Situationen Sie weiterhin konfrontieren, diese Gaben gehören Ihnen und werden Sie allzeit begleiten. Ihr innerster Kern wird immer heil bleiben, wird immer weiterhin danach streben, sich angekommen zu empfinden. Freiheit bedeutet nicht, tun und lassen zu können, was man möchte, das sind nur die Folgen und Auswirkungen. Wahre Freiheit ist ein Zustand im eigenen Innenleben. Ein Ort, wo alles gut ist und immer sein wird, absolute Ruhe, innerer Frieden und Einklang mit dieser Welt. Man hat zu allen Zeiten die Möglichkeit, mit diesem inneren Kern Kontakt aufzunehmen. Was auch immer Sie dafür brauchen, sei es eine Meditation, Yoga, ein Spaziergang, Ihr Lieblingslied, was auch immer, finden Sie Ihre Variante, um Ihnen tief drinnen begegnen zu können, Kontakt mit Ihnen aufnehmen zu können.

Sind Sie entspannt und bleiben Sie es, entspannt sich zwangsläufig das Außen mit Ihnen mit, es kann gar nicht anders. Gleiches zieht Gleiches an. Alles um Sie herum passt sich Ihrer inneren Haltung an. Schenken Sie sich selbst die Liebe, die Sie sich ersehnen, wird Ihnen die Liebe auch im Außen spürbar werden. Sorgen Sie für sich. Sorgen Sie sich um Ihre Träume und

Wünsche, fangen Sie an, sich endlich ernst zu nehmen, und hauen Sie für sich auf den Tisch, dann widerfährt es Ihnen bald. Sie sind Ihr Schöpfer. Verschwenden Sie nicht Ihre Energie, um sich hinter Ausreden zu verstecken, weshalb Dinge nicht passieren können, machen Sie Ihre Herzenswünsche möglich. Fangen Sie an, sich zu leben, voll und ganz. Jeder hat es verdient, dass er dauerhaft glücklich und zufrieden seinen Lebensweg beschreiten kann.

Schritt 5

Wenn der Moment gekommen ist, dass das Ersehnte sichtbar wird, steht Ihre letzte Prüfung bevor. Sie müssen handeln, zugreifen, es annehmen können, dass es real geworden ist.

Bereiten Sie sich auf diesen Moment geistig vor, dann können Sie die Intensität besser aushalten, wenn Ihnen das Gute widerfährt.

Zweifeln Sie nicht daran, ob es Ihnen zusteht. Sie haben es in Ihr Leben geholt, Sie haben diesen Moment erschaffen. Ihre Aufgabe besteht nur mehr darin, das Glück am Schopf zu packen und sich nicht umzudrehen und davonzulaufen.

Lassen Sie sich von der Welle des Glücks erfassen, springen Sie auf Ihren Regenbogen und rocken Sie Ihr Leben. Sie haben sich bemüht, sich mit Ihnen auseinandergesetzt, wo andere es nicht wagen hinzusehen und hinzufühlen.

Und wenn in Ihnen der Glaubenssatz steckt „man muss hart für sein Glück arbeiten", dann nehmen Sie ihn jetzt ausnahmsweise an, denn das haben Sie.

Sie haben Knochenarbeit verrichtet, sich aufgerafft, waren mutig genug, es drauf ankommen zu lassen, haben den Sprung in unbekanntes Terrain gewagt.

Sie sind ein Held in diesem Moment.

Ihr persönlicher Held.

Nicht nur der gewünschte Erfolg ist sichtbar geworden, nein, Sie haben noch eine Überraschung dazubekommen, dieses Gefühl des Stolzes in Ihnen.

Seien Sie stolz auf sich. Lassen Sie sich von diesem Glücksgefühl treiben, speichern Sie es ab, rasten Sie sich nun aus. Jetzt ist die Zeit gekommen, Ihren Erfolg zu ernten, sich zu belohnen, sich gut zu fühlen.

Sie allein haben diesen Moment, diese Veränderung erreicht, sie ganz allein.

Weil Sie nicht aufgegeben haben, weil Sie angefangen haben, für sich und Ihre Träume einzustehen, sich wichtig genug genommen haben, angefangen haben, sich selbst zu lieben. Sie haben dem Leben eine faire Chance gegeben, Sie positiv zu überraschen, blindes Vertrauen gepaart mit Ihrer Intuition hat Sie geleitet, um ans Ziel Ihrer Träume zu kommen.

Sie haben es verdient!
Sie hätten es immer verdient, nur konnten Sie es davor noch nicht annehmen, Sie waren noch nicht so weit und das ist vollkommen in Ordnung. Die Vergangenheit hat Sie auf genau diesen Moment vorbereitet. Nun ist Ihre Zeit gekommen zu leben, mit allem was für Sie wichtig ist, Sie innerlich brennen lässt, Sie inspiriert, motiviert, vorantreibt.

Übernehmen Sie die Führung für Ihr Leben.
Gehen Sie in die Eigenverantwortung.
Raus aus der Komfortzone – rein in die MAGIC ZONE.
Weil Sie es wert sind! Vergessen Sie das niemals!!!

Danksagung

An dieser Stelle möchte ich mich nicht bei all jenen bedanken, die mich positiv begleitet und unterstützt haben.

Dieser Platz gebührt nur IHNEN!

Sie haben bis zum Schluss durchgehalten, Sie haben sich auf diese Reise eingelassen, waren offen genug, sich mit einem neuen, anderen Zugang auseinanderzusetzen. Vermutlich haben Sie meine Übungen umgesetzt und Ihre Stärke in Ihnen wiederentdeckt. Ich wünsche Ihnen aus tiefstem Herzen, dass Sie Ihrem Glauben wieder ein Stück weit nähergekommen sind. Einem Glauben, einen Gedankengang, dass alles für Sie möglich werden kann, vorausgesetzt Sie lassen es zu, dass diese Welt es ausschließlich gut mit Ihnen meint. Erschaffen Sie sich

Ihr Traumleben, denken Sie groß, greifen Sie nach den Sternen, das ist es, wofür es sich lohnt.

Ich liebe es, mich meinen Tagträumen hinzugeben, hier entdecke ich die besten Ideen für mich, hier lasse ich mich von mir, meiner Sehnsucht leiten, fernab von Negativität und falschen Mustern.

Erlauben Sie es sich, wieder zu träumen. Sie wissen nicht mehr, wie das geht? Gehen Sie auf einen Spielplatz, beobachten Sie Kinder, authentischer gehts schon fast gar nicht mehr. Dort gibt es keine Grenzen, keine Ausreden, in Kinderaugen gibt es nur positive Ausgänge.

Glauben Sie an einen positiven Ausgang für sich. Sie sind es wert, sich voll und ganz leben zu können. Niemand steht Ihnen mehr im Weg als Sie selbst. Machen Sie sich frei. Machen Sie sich bereit. Springen Sie auf Ihren Regenbogen und fangen Sie wieder an, nach Ihren Sternen zu greifen. Ich wünsche Ihnen viel

Spaß auf dieser Reise zu innerem Frieden, Reichtum und Glück.

Geben Sie niemals auf, sich selbst wichtig zu nehmen.

Ihre Träume und Wünsche, das sind Sie. Stehen Sie für sich ein, stehen Sie dafür ein, dass sie sich erfüllen können.

Kein Gedanke entspringt Ihrem Kopf, ohne in Ihnen das Potenzial zu haben, sich verwirklichen zu können.

Alles Gute!

Autorin

Kerstin Waldschütz ist 1982 in Krems/Donau geboren und aufgewachsen.
Ihr Start ins Berufsleben begann 2001 im Bankensektor, bis sie sich zusätzlich 2021 den Weg in die
Lebens- und Sozialberatung eröffnete.

www.gefuehlszeit.at